Conociendo El Mundo de lo Profético

Solo Pensaba En Voz Alta

PROFETA LINETTE RIVERA

Publicado por: CV Publishing
Todos los Derechos Reservados @2023
Autora: Profeta Linette Rivera

Titulo publicado originalmente en español:
Profecías "Solo Pensaba en Voz Alta".

Ninguna parte de esta publicación podrá ser reproducida, procesada en algún sistema que pueda reproducir, o transmitida en alguna otra forma, o por algún medio electrónico, mecánico, fotocopia, cinta magnetofónica, u otro excepto para breves citas en reseñas, sin el permiso del autor.

Citas Bíblicas tomadas de la Santa Biblia, Versión Reina Valera 1960. NVI. Sociedades Biblias Unidas. Usadas con permiso.

Clasificación: Profecía Bíblica
Para pedidos escriba a:
profetalinetteriverarivera@gmail.com
Tel: (787) 974-2100
Facebook / Twitter / Instagram: @ProfetaLinetteRivera

Dedicado a:

Por:

Fecha:

Dedicatoria

Éste mi primer libro, lo quiero dedicar a mi Eterno Dios. Aquí desde mi cuarto de oración en el rincón dulce de mis encuentros con el Amado. Bajo este silencio amable, vienen a mi mente tantos rostros con nombres desde los que aún están, hasta las que han partido a la eternidad.

Respiro profundamente y suspiro como quien mira por un gran cristal llamado vida, y veo momentos de tanta siembra de parte de mentores como el Doctor Sergio Rivero, mi esposo y compañero de sueños Joseph Villafañe, mis tres hijos Keishla, Yoseph y Joshwa, ellos son parte vital de mis días y los nietos que con sus sonrisas me hacen ver lo bueno de la vida. A ustedes dedico este compendio de letras.

Contenido

Agradecimientos 8

Prólogo 9

Introducción 11

Capítulo 1   Entrando en lo Profético 12

Capítulo 2   ¿Qué hacer con lo Profético? 16

Capítulo 3   Identificando a un Profeta 19

Capítulo 4   ¿Cómo saber quien es un profeta de Dios? 23

Capítulo 5   ¿De qué formas habla Dios? 32

Capítulo 6   Falsos Profetas 36

Capítulo 7   Niveles del Mundo Profético 41

A) Espíritu de profecía 41

B) Don de profecía 43

C) Oficio de profeta 45

Conclusión 48

Acerca de la Autora 49

Agradecimientos

Agradezco a: Mi Dios y Padre celestial, que con brazos fuertes y llenos de misericordia me ha sostenido toda mi vida.

Mi familia, e iglesia local que pastoreo por más de 10 años, Aposento Alto en Caguas, PR. También a las iglesias hijas dentro y fuera de Puerto Rico.

Cada lector y maestro que recibirá con espíritu enseñable este pedazo de mí.

La Pastora Libia J. Gutiérrez, autora del libro "Un Tesoro Llamado Mujer", que se convirtió no solo en parte de mi sueño, sino que me impartió fe para hacerlo realidad.

Mis amigos pastores de cada rincón, a los cuales he llevado e impartido la escuela profética.

Mi escudera fiel, la Pastora Viter Dávila, porque estuvo conmigo cuando por primera vez Dios habló de este libro y nunca dudó que lo realizaría.

Gracias a esos hijos espirituales que creyeron en que esta herramienta tenía que ser entregada con prontitud.

Gracias.

Prólogo

Desde hace muchos años conozco a la autora de este libro, y ha dado señales de ser una auténtica Profeta de Dios, soy testigo de que cada palabra que sale de sus labios es Dios hablando a través de ella y entregando dirección a miles de personas que necesitan directrices de parte del Señor y levantando aquellos que funcionan dentro del área profética.

Este libro es un manual para aquellos hombres y mujeres que están dentro del campo de la profecía, para cumplir una función cabal como Profeta ministerial, en el don profético, y en el espíritu de la profecía, esto parámetros autentican el trabajo que tengamos en el terreno de lo sobrenatural.

Este libro aclara dudas como: ¿Quién es un profeta? Y se nos revelan varios puntos centrales, que el Profeta es uno que habla con inspiración divina, es un interlocutor y un mensajero de Dios.

La Profeta Linette en estos escritos confirma la realidad y nos guía para tener el entendimiento pleno de lo que realmente es profetizar, haciendo una diferencia entre Profetas y Videntes, además nos muestra que la biblia es un libro profético desde Génesis hasta Apocalipsis.

Muchos se preguntan qué hacer con lo que Dios me ha dado, en este libro nos direcciona a entender y saber cómo usar lo que El Señor nos ha dado. La autora considera acertadamente que no todo lo que Dios le habla a un Profeta tiene que anunciarlo, sino se debe esperar cual es el siguiente paso a considerar.

Uno de los puntos esenciales que describe la autora, es que la profecía trae arrepentimiento y aplaza el juicio de Dios, por lo cual debemos considerar que esto está en el corazón de Dios.

Creo que este libro será una plataforma muy importante para la generación de Profetas que levantará el Espíritu de Dios en este tiempo.

Doy gracias a Dios por levantar a la profeta Linette, para confirmar esta materia que muchos han despreciado, y la generosidad de hacerme participe de este prólogo.

Bendiciones de lo alto, recomiendo esta lectura para la Iglesia del Señor.

Sergio Riveros A. Th.D
Apóstol Iglesia Centro Apostólico Escrito Esta
RAMA-TBU
Santiago de Chile.

Introducción

Como dice Efesios 4:11, el Señor Jesús constituyó a algunos como profetas, los cuales son la voz de Dios para esta generación. Si hay una voz que te grita desde tu interior la cual dice: ¿Cómo hablaré sobre este tema? ¿Te sientes incomprendido cuando le cuentas a otros lo que te ocurre? ¿Tienes sueños, visiones y experiencias sobrenaturales?

Este libro será de bendición a tu vida espiritual. Quiero ser esa voz que te dice que lo que llevas por dentro es un hermoso regalo de Dios, y no es para esconderlo detrás de una envoltura llamada desconocimiento.

Piensa en voz alta y atrévete a decir: "Así dice el Señor". Ya sea por el oficio maduro de profeta, el espíritu profético que te mueve o el don profético. Los profeta son necesarios para esta generación que le urge escuchar la voz de Dios.

"Profetizo que tus ojos serán abiertos y tus oídos agudizados y que el Dios que he aprendido a escuchar desde mis 8 años sea revelado en toda su dimensión".

La biblia dice que no recibimos porque pedimos mal para gastar en nuestros placeres, (Santiago 4:3). Hoy te insto a pedirle al Padre con las intenciones correctas y serás sorprendido por Él.

¡Profetiza!

CAPITULO 1

Entrando en lo Profético

¿Quién es un Profeta?

- Es uno que habla por inspiración divina, (Isaías 6).
- Uno que escucha la voz de Dios como Moisés.
- Un interlocutor, (una bocina).
- Un mensajero de Dios.
- Una caña hueca de bambú por donde pasa el sonido de la voz de Dios.
- Es aquel que trae las oráculos, designios y códigos de Dios, (Jeremías 31).
- Somos parte del ministerio quíntuple, (Efesios 4:11-12).

Hay 133 profetas nombrados en la biblia, de las cuales 16 son mujeres. Dios ha establecido profetas en la iglesia porque son importantes para la salud y fortaleza de la asamblea.

Los profetas son ayudadores. Por ejemplo: Hageo y Zacarías fueron profetas enviados por Dios para reconstruir el templo y restablecer el sacerdocio.

Esdras 5:1-2 *"Profetizaron Hageo y Zacarías hijo de Iddo, ambos profetas, a los judíos que estaban en Judá y en*

Jerusalén en el nombre del Dios de Israel quien estaba sobre ellos. Entonces se levantaron Zorobabel hijo de Salatiel y Jesúa hijo de Josadac, y comenzaron a reedificar la casa de Dios que estaba en Jerusalén; y con ellos los profetas de Dios que les ayudaban".

Los profetas traen bendición de prosperidad:

2 Crónicas 20:20 "Creed en Jehová vuestro Dios y estaréis seguros; creed a sus profetas y seréis prosperados".

De modo sencillo, la obra del Señor prospera mediante la profecía.

Los profetas traen revelación:

Efesios 3:5-9, menciona que en otras generaciones no se dio a conocer a los hijos de los hombres como ahora es revelado a sus santos apóstoles y profetas por el Espíritu Santo, y de aclarar a todos cual sea la dispensación del ministerio. Por tanto, todos necesitamos saber cuál es nuestro trabajo en el plan de Dios y esto es la asignación de un profeta.

Algo que debo mencionar, es que los profetas trabajan en orden y no en competencia.

1 Corintios 14: 29-1 "Asimismo los profetas hablen dos o tres y los demás juzguen, Y si algo le fuese revelado a otro que estuviere sentado, calle el primero porque podéis

profetizar todos uno por uno para que todos aprendan y todos sean exhortados".

El profeta no descuida el don que ha recibido de Dios:

1 Timoteo 4:14 "No descuides el don que hay en ti, que te fue dado mediante profecía con la imposición de las manos del presbiterio".

Un profeta añora que todos profeticen:

Números 11:29 "Y Moisés le respondió: ¿Tienes tú celos por mí? Ojalá todo el pueblo de Jehová fuese profeta, y que Jehová pusiera su espíritu sobre ellos".

Un profeta tiene al Espíritu Santo:

Hechos 2:4 "Y fueron todos llenos del Espíritu Santo, y comenzaron a hablar en otras lenguas, según el Espíritu les daba que hablasen".

Un profeta sabe en qué temporada se encuentra:

*Hechos 2:17-18 "Y en los postreros días, dice Dios, Derramaré de mi Espíritu sobre toda carne, Y vuestros hijos y vuestras hijas profetizarán; Vuestros jóvenes verán visiones, Y vuestros ancianos soñarán sueños;
Y de cierto sobre mis siervos y sobre mis siervas en aquellos días. Derramaré de mi Espíritu, y profetizarán".*

Joel 2: 28 "Y después de esto derramaré mi Espíritu sobre toda carne, y profetizarán vuestros hijos y vuestras hijas..."

Hay profetas y hay videntes. El profeta oye y el vidente tiene sueños, visiones y se abre su lente profético. El profeta puede decir *"Así dice el Señor"* en el ahora, pero la mayoría de los videntes pueden decir *"Dios me mostró"*, porque antes de hablar ven en sueños y visiones lo que luego dirán.

La palabra hebrea Roéh significa vidente y es aquel que ve y predice el futuro.

La palabra hebrea Nabí significa profeta el que comunica lo que el Padre quiere hablar. La profecía viene siendo el mensaje de Dios por excelencia que fluye y surge en el hombre de Dios y en la biblia, en todo lo que el Padre nos quiere comunicar. Cuando es inspirada sobre nosotros como lluvia que corre desde nuestro interior se conoce como *Nataph*, que quiere decir gotas que no dejan de fluir.

La biblia es un compendio, un hermoso archivo de promesas proféticas que están al alcance de todos. Nos deja saber los tiempos que estamos viviendo y lo que está por suceder.

1 Corintios 1:5-7 "Además los ayudo a que comprendieran su mensaje y lo comunicaran mejor. Ustedes creyeron totalmente en el mensaje de Jesucristo. Por eso mientras esperan que vuelva no les faltará ninguna bendición de Dios. Otra versión dice ninguna palabra de ciencia, o sea, ninguna profecía".

CAPITULO 2

¿Qué hacer con lo Profético?

Todo creyente que ha recibido a Jesucristo como su único Salvador, que ha sido limpiado de sus pecados y redimido por su sangre debería experimentar el soplo bajo el Espíritu Santo, el Espíritu de profecía.

Uno de los problemas del creyente es que batalla en su mente natural si lo que recibe viene o no de Dios. Cuando hablamos no es en primera persona según yo, más bien según Él.

Por eso decimos:

1. *Así dice el Señor.*
2. *El Señor me inspira hablar.*
3. *Siento fuerte de Dios decirte algo.*

El profeta Elías decía: "Vive Jehová en cuya presencia estoy". No se habla sino estás bajo esa presencia de Dios.

Amós 3:7-8 "No hará nada Jehová el Señor sin antes revelar sus designios (sus planes) a sus siervos los profetas".

Amós deja claro que un profeta es un confidente de Dios. Tiene que ser una persona discreta. También está bajo sujeción y lo que habla es cuando es el momento correcto.

1 Corintios 14:32-33 "Y los espíritus de los profetas están sujetos a los profetas; pues Dios no es Dios de confusión, sino de paz".

No todo lo que Dios revela es para hablarlo. Puede ser para:

1. Orar.
2. Cancelar.
3. Hablarlo.

También tendrás acceso a romper o cancelar aun lo que sabes que Dios habló, ya que fue una advertencia y podemos siempre apelar a su misericordia.

Podemos tomar el ejemplo de Jonás:

Jonás 1:2-3 "Levántate ve a Nínive, aquella gran ciudad, y pregona (profetiza) contra ella; porque ha subido su maldad delante de mí. Y Jonás se levantó para huir de la presencia de Dios. Pagó su boleta y terminó en una nave que partía para Tarsis con tal de irse lejos de la presencia de Dios".

El profeta no siempre está dispuesto a profetizar, sobre todo cuando decir *"Así dice el Señor"* lo compromete. Pero el plan de Dios se cumplirá.

Por ejemplo: cuando el enorme pez se convirtió en el UBER y llegó a Nínive, el cumplió con el mensaje aun cuando se estaba resistiendo a hacer aquello que Dios le había encomendado.

Jonás 3:1-5 "Vino palabra de Jehová por segunda vez a Jonás diciendo: Levántate y ve a Nínive, aquella gran ciudad y proclama en ella el mensaje. Y se levantó Jonás y fue a Nínive conforme a la palabra de Jehová. Y era Nínive ciudad grande en extremo de 3 días de camino. Y comenzó Jonás a entrar por la ciudad camino un día (faltan dos) y predicaba diciendo: de aquí a 2 días (un profeta de oficio habla con tiempo), Nínive será destruida. Y los hombres de Nínive creyeron a Dios (tuvieron temor) y proclamaron ayuno y se vistieron de cilicio desde el mayor hasta el menor".

Importante: La profecía trae arrepentimiento y aplaza el juicio de Dios. Nos aferramos de la promesa que dice:

Lamentaciones 3:22-23 "Por la misericordia de Jehová no hemos sido consumidos porque nunca decayeron sus misericordias. Nuevas sean cada mañana, grande es su fidelidad".

CAPITULO 3

Identificando lo Profético

La raíz griega para la palabra profecía es *pro-phemí* la cual significa: hablar antes de que algo suceda. El profeta de oficio y maduro hablará en los 3 tiempos:

1. *Pasado.*
2. *Presente.*
3. *Futuro.*

No obstante, tenemos que conocer que hay un Kairos-Kronos. Siendo Kairos el tiempo oportuno de Dios y Kronos el tiempo secuencial en la forma que nosotros los humanos medimos el tiempo, hora, minutos, segundos, meses, años, entre otros. Por eso cuando la biblia habla del tiempo de Dios que es perfecto (Eclesiastés), esto quiere decir que su Kairos no es nuestro Kronos.

Siempre la profecía será balanceada

Jeremías 1:10 "Mira que te he puesto (no se puso) en este día sobre naciones (gentiles) y sobre reinos (gobierno), para arrancar y para destruir, para edificar y para plantar".

Por lo tanto, el Dios de amor y de misericordia es el mismo de fuego consumidor

(Deuteronomio 4:24). Dios es un Dios celoso.

En los dones encontramos 3 listas principales.

1 Corintios 12:4-10 *"Ahora bien, hay diversidad de dones, pero el Espíritu es el mismo. Y hay diversidad de ministerios, pero el Señor es el mismo. Y hay diversidad de operaciones, pero Dios, que hace todas las cosas en todos, es el mismo. Pero a cada uno les es dada la manifestación del Espíritu para provecho. Porque a este es dada por el Espíritu palabra de:*

1. *Sabiduría.*
2. *Palabras de ciencia.*
3. *Fe.*
4. *Sanidad.*
5. *Milagros.*
6. *Profecía.*
7. *Discernimiento de espíritus.*
8. *Géneros diversos de lenguas.*
9. *Interpretación de lenguas (mensajes inspirados)".*

Cuando el profeta fluye bajo la unción serán manifestados estos dones.

1. *Sabiduría:* va más allá de lo racional y lógico, será un conocimiento revelado de forma divina.

2. *Palabras de ciencia, don de conocimiento y revelación*: Esto no es recibido de ninguna forma natural (fecha, día, nacimiento, color, numero, etc.)

3. *Fe*: como don, no como una medida dada a todos. Es la fe que provoca milagros, liberación y prodigios.

4. *Sanidad*: se manifiesta en dones de sanidad, e incluso, puede serle revelada la causa de la enfermedad o la raíz del problema. Activa el poder sanador de Jesús en base a su sacrificio en la cruz.

5. *Don de hacer milagros*: más allá de las leyes de la ciencia.

6. *Profecía*: es el don que le es otorgado al profeta de Dios, para anunciar eventos futuros.

7. *Don de discernimiento de espíritus*: es la habilidad sobrenatural de percibir y reconocer lo que está operando en una persona, territorio o ambiente.

8. *Hablar diversas lenguas*: un idioma no estudiado sino inspirado, son lenguas angelicales, que no las entiende gente corriente y carnal.

9. Interpretación de lenguas: ya no es solo hablarlas sino también conocer la revelación o el mensaje para hablarlo en el idioma conocido, aun en dialectos.

Romanos 12: 6-8 *"De manera que, teniendo diferentes dones, según la gracia que nos he dada, si el de profecía, úsese conforme a la medida de fe.*

1. Profecía.
2. El de enseñanza (maestro).
3. Servicio.
4. Exhortación (consejo).
5. Que hace misericordia (evangelista, misioneros)."

Efesios 4:7 *"Pero cada uno de nosotros fue dada la gracia conforme a la medida del don de Cristo".*

Dice hebreos 11: 6-8 *"Sin fe es imposible agradar a Dios y tampoco profetizar".*

Cuando alguien dice: *"Te profetizo"*, pero no cree que Dios lo hará es como dudar del mensaje y del dueño de la profecía, o sea, de Dios.

CAPITULO 4

¿Como saber Quien es un Profeta de Dios?

Deuteronomio 18:22 NVI *"Si lo que el profeta proclame en nombre del Señor no se cumple ni se realiza, será señal de que su mensaje no proviene del Señor. Ese profeta habrá hablado con presunción".*

Aquel profeta que habla sin el respaldo y autoridad de Dios, no tienen que temerle.

Debemos pasar a todo profeta, por el filtro del fruto del Espíritu, del cual habla Pablo. (Gálatas 5: 22-23)

1. **Amor:** Para Dios, el amor es esencial. Todo aquel que ama a Dios también debe amar a su prójimo. No es una sugerencia, es un mandamiento. Por lo tanto, es un amor que incluye una decisión firme, no una emoción que viene y va.

2. **Gozo:** El gozo o la alegría que Dios nos da, no depende de las circunstancias, sino que fluye del interior. Brota de haber sido perdonado y amado por el Rey de reyes y Señor de señores. Como creyente, cuando llegan las dificultades sabes que la tristeza no durará para siempre. Lo cierto es que aun en medio

de ellas, puedes encontrar alegría en la seguridad de tu salvación.

3. **Paz:** La paz que Dios te da abarca todas las áreas de tu vida. Sientes una paz generalizada porque sabes que tu vida está en las manos del Dios todopoderoso. Aun en medio de circunstancias adversas, sabes que el Dios soberano cuida siempre de ti y tiene un propósito para tu vida. Con tu confianza puesta en él, aprendes a echar el miedo a un lado y a encontrar la verdadera tranquilidad.

4. **Paciencia:** La paciencia es muy importante en la vida porque pasamos bastante tiempo esperando a que suceda lo que esperamos de Dios. En el Señor, la paciencia implica perseverar, seguir adelante en fe aun cuando no vemos cambios. La paciencia llega cuando logras entender que Dios sabe cuál es el momento perfecto para que sucedan las cosas. Él promete ayudarte y no te abandona en tus tiempos de espera. Solo debes creer, ser paciente y confiar, porque él obrará.

5. **Benignidad:** Es la amabilidad hacia los demás, lo cual debe crecer según recordamos cuán grande ha sido la bondad de Dios a nuestro favor. Él no nos trató conforme a nuestros errores o pecados (Salmos 103:10). Al contrario, siguió mostrándonos su amor de forma amable, con paciencia y misericordia. Así

deben de ser los siervos de Dios "Benignos", no engreídos, crueles o sin compasión.

6. **Bondad:** Surge de un corazón que se inclina hacia el bien. No somos buenos por nuestros propios méritos, sino por la obra de Cristo en nosotros. Mientras más conscientes estamos de la presencia de Dios en nosotros y de su obra en nuestros corazones, más crecemos en bondad hacia los demás. Es bueno hacer el bien. Cuando entiendes todo lo bueno que Dios ha hecho por ti, tu corazón anhela hacer cosas buenas por los demás.

7. **Fe:** Una persona de fe mantiene sus ojos puestos en el objeto de su fidelidad. Como hijo de Dios, debes mantener tus ojos puestos en El. Así es como aumenta tu fe, al conocer mejor a Dios y mantenerte cerca de Él. Ser fiel a Dios te ayuda a ser una persona de confianza, a permanecer firme sin echarte atrás luego de dar la palabra. Dios te ayuda a ser fiel a Él y a los demás.

8. **Mansedumbre:** Es ser humilde lo cual nos ayuda a aceptar la voluntad de Dios y a vivir en paz con Dios y con los demás. En lugar de querer imponer nuestra propia voluntad, nos esforzamos por ayudar y servir a los demás. Jesús era manso, él trataba a todas las personas de forma justa y con amor. Él no buscaba vengarse ni respondía con maldad a quienes lo trataban de mala manera.

9. **Templanza:** Es tener dominio propio. Llenándote cada día más del Espíritu Santo, podrás dominar los deseos de la carne. Gálatas 5:16 nos llama a andar «en el Espíritu, y así jamás satisfarán los malos deseos de la carne». El dominio propio es una señal de fortaleza en el Señor. Es obedecer a Dios aun cuando nuestros deseos carnales intenten llevarnos por otro camino.

Otros de los filtros de los cuales habla el Apóstol Pablo se encuentra en 1 Timoteo 3: 1-13:

1. *Irreprensible*
2. *De una sola mujer (esposa)*
3. *Sobrio*
4. *Prudente*
5. *Decoroso*
6. *Hospedador*
7. *Apto para enseñar*
8. *No dado al vino*
9. *No pendenciero*
10. *No codicioso de ganancias deshonestas*
11. *Amable*
12. *Apacible*
13. *No avaro*
14. *Que gobierne bien su casa*
15. *Tenga a sus hijos en sujeción (que lo respeten)*
16. *No un neófito (que tenga conocimiento de las escrituras).*
17. *Buen testimonio*

18. Honesto
19. Sin doblez.

Luego dice que sean sometidos a prueba.

1 Corintios 12:9-12 "Porque en parte conocemos (sabemos) y en parte profetizamos".

Nota: Esto es porque en ocasiones desechan al profeta o la profecía porque saben algo de su vida personal o tienen algún tipo de relación. ¿Podemos juzgar al profeta por lo que nos dice?

1 Tesalonicenses 5:21: "Examinen todo... retened lo bueno".

En el periodo de los Jueces, según 1 Samuel 3, el oficio profético (la palabra) languideció. Dice que *"la palabra de Jehová escaseaba y en aquellos días, no había visión con frecuencia"*. En otras palabras, no había el profeta vidente.

El llamado de Samuel hacia el final del periodo de los jueces fue trascendental, ya que fue el primer profeta en el sentido más estricto de lo que esta palabra conlleva.

Me atrevo a decir, que Samuel fue el precursor o fundador del oficio de profeta, el cual iba de lugar en lugar siendo enseñado por Dios (1 Samuel 10: 10-13).

¿De dónde sale que existen escuelas proféticas?

Samuel fue el primero en fundarla. Los jóvenes que recibían su educación eran conocidos como los hijos de los profetas. 1 Samuel 19:20 / 2 Reyes 2:3-5. La primera escuela que se menciona es en Ramá. Aunque la expresión escuela, tal como lo vemos en este tiempo no está detallada, tiene otros términos equivalentes como "compañía de profetas", "hijos de profetas".

1 Reyes 20:35 "Entonces un varón de los hijos de los profetas dijo a su compañero por palabra de Dios: Hiéreme ahora. Mas el otro no quiso herirle".

2 Reyes 2:3-15 "Y saliendo a Eliseo los hijos de los profetas que estaban en Bet-el, le dijeron: ¿Sabes que Jehová te quitará hoy a tu señor de sobre ti? Y él dijo: Sí, yo lo sé; callad. Y Elías le volvió a decir: Eliseo, quédate aquí ahora, porque Jehová me ha enviado a Jericó. Y él dijo: Vive Jehová, y vive tu alma, que no te dejaré. Vinieron, pues, a Jericó. Y se acercaron a Eliseo los hijos de los profetas que estaban en Jericó, y le dijeron: ¿Sabes que Jehová te quitará hoy a tu señor de sobre ti? Él respondió: Sí, yo lo sé; callad. Y Elías le dijo: Te ruego que te quedes aquí, porque Jehová me ha enviado al Jordán. Y él dijo: Vive Jehová, y vive tu alma, que no te dejaré. Fueron, pues, ambos. Y vinieron cincuenta varones de los hijos de los profetas, y se pararon delante a lo lejos; y ellos dos se pararon junto al Jordán. Tomando entonces Elías su manto, lo dobló, y golpeó las aguas, las cuales se apartaron a uno y a otro lado, y pasaron ambos por lo seco. Cuando habían pasado,

Elías dijo a Eliseo: Pide lo que quieras que haga por ti, antes que yo sea quitado de ti. Y dijo Eliseo: Te ruego que una doble porción de tu espíritu sea sobre mí. Él le dijo: Cosa difícil has pedido. Si me vieres cuando fuere quitado de ti, te será hecho así; mas si no, no. Y aconteció que yendo ellos y hablando, he aquí un carro de fuego con caballos de fuego apartó a los dos; y Elías subió al cielo en un torbellino. Viéndolo Eliseo, clamaba: ¡Padre mío, padre mío, carro de Israel y su gente de a caballo! Y nunca más le vio; y tomando sus vestidos, los rompió en dos partes. Alzó luego el manto de Elías que se le había caído, y volvió, y se paró a la orilla del Jordán. Y tomando el manto de Elías que se le había caído, golpeó las aguas, y dijo: ¿Dónde está Jehová, el Dios de Elías? Y así que hubo golpeado del mismo modo las aguas, se apartaron a uno y a otro lado, y pasó Eliseo. Viéndole los hijos de los profetas que estaban en Jericó al otro lado, dijeron: El espíritu de Elías reposó sobre Eliseo. Y vinieron a recibirle, y se postraron delante de él."

1 Samuel 10:5-6 "Después de esto llegarás al collado de Dios donde está la guarnición de los filisteos; y cuando entres allá en la ciudad encontrarás una compañía de profetas que descienden del lugar alto, y delante de ellos salterio, pandero, flauta y arpa, y ellos profetizando. Entonces el Espíritu de Jehová vendrá sobre ti con poder, y profetizarás con ellos, y serás mudado en otro hombr".

1 Reyes 22:10 "Y el rey de Israel y Josafat rey de Judá estaban sentados cada uno en su silla, vestidos de sus ropas reales, en la plaza junto a la entrada de la puerta de Samaria; y todos los profetas profetizaban delante de ellos".

1 Samuel 19:19-24 "Y fue dado aviso a Saúl, diciendo: He aquí que David está en Naiot en Ramá. Entonces Saúl envió mensajeros para que trajeran a David, los cuales vieron una compañía de profetas que profetizaban, y a Samuel que estaba allí y los presidía. Y vino el Espíritu de Dios sobre los mensajeros de Saúl, y ellos también profetizaron. Cuando lo supo Saúl, envió otros mensajeros, los cuales también profetizaron. Y Saúl volvió a enviar mensajeros por tercera vez, y ellos también profetizaron. Entonces él mismo fue a Ramá; y llegando al gran pozo que está en Secú, preguntó diciendo: ¿Dónde están Samuel y David? Y uno respondió: He aquí están en Naiot en Ramá. Y fue a Naiot en Ramá; y también vino sobre él el Espíritu de Dios, y siguió andando y profetizando hasta que llegó a Naiot en Ramá. Y él también se despojó de sus vestidos, y profetizó igualmente delante de Samuel, y estuvo desnudo todo aquel día y toda aquella noche. De aquí se dijo: ¿También Saúl entre los profetas?"

Si usted tiene el don (talento), para tocar un instrumento, usted buscará tomar clases. Lo mismo ocurre con lo profético.

Después de Samuel, en tiempos del reino unido de Judá e Israel surgieron hombres como: Natán el profeta; Gad el vidente de David (1 Crónicas 21:9); Ahías fue un profeta levita de Silo en la época de Salomón (1 Reyes 14); luego bajo la monarquía, se levantó el profeta Oseas.

¿Cuál es la asignación de un Profeta?

1. Efesios 4:12-15 *"A fin de perfeccionar a los santos hasta que todos lleguemos a la unidad de la fe...a un varón perfecto a la medida de la plenitud de Cristo".*

2. Lucas 4:18 (edificación del cuerpo) *"El espíritu del Señor esta sobre mí por cuento me ha ungido para dar buenas nuevas a los pobres. Me ha enviado a sanar a los quebrantados de corazón, a pregonar libertad a los cautivos y vista a los ciegos, a poner en libertad a los oprimidos".*

3. Ezequiel 33:7-11 *"Te he puesto como atalaya (centinela) que avisa cuando se acerca el peligro".*

La profecía coopera con los propósitos infinitos de Dios. Además, el profeta es la memoria del olvidadizo.

La biblia habla de profetas mayores y profetas menores. ¿Qué significa esto? La biblia divide los libros así por el tamaño de su obra, no por la importancia de su mensaje o porque minimice su llamado. A continuación su clasificación:

- 4 Profetas mayores: Jeremías, Ezequiel, Isaías y Daniel.
- 12 profetas menores: Oseas, Joel, Amos, Abías, Jonás, Miqueas, Nahum, Habacuc, Sofonías, Hageo y Malaquías.

CAPITULO 5

¿De qué formas habla Dios?

Dios nos puede hablar de las siguientes maneras:

1. Sueños:

José, cuando soñó que el sol, la luna y once estrellas se inclinaban ante él, el sueño revelaba que se convertiría en vicegobernador de Egipto (Génesis 37).

Jacob, usó una piedra como almohada y soñó con una escalera que conectaba la tierra con el cielo, por donde subían y bajaban ángeles. El cielo abierto y conectado a la tierra anunciaba la venida de Cristo (Génesis 28).

El rey Nabucodonosor, soñó con la ruina de su imperio, sueño interpretado por Daniel (Daniel 5).

Abimelec, fue advertido por Dios a través de un sueño, que Abraham lo había engañado acerca de que Sara fuera su hermana (Génesis 20).
Dios le habló a Labán en un sueño para que no le hiciera daño a Jacob, aunque se había escapado con sus hijas (Génesis 31).

Estas son solo algunas de las muchas historias donde podemos evidenciar que sí, Dios puede hablar a través de los sueños.

2. **Visiones:** La Biblia enseña que, en tiempos antiguos, Dios transmitía sus mensajes a través del poder del Espíritu Santo, a sus siervos escogidos a través de visiones. Estos mensajes también fueron dados a los apóstoles y profetas (Amós 3:7, Efe. 3:5).

3. **Audiblemente:** En algunas ocasiones, Dios les habló de manera audible a varios de sus siervos en la Biblia; sin embargo, no era lo más común. Más a menudo, Dios les daba una convicción interior acerca de su verdad, o hacía que su voluntad quedara en evidencia a través de las circunstancias. Pero sobre todo, Dios expresaba su voluntad a través de los mensajes escritos que les había dado anteriormente en otras palabras, a través de los libros de la Biblia que ya habían sido escritos. No obstante, en ocasiones precisas Dios se deja escuchar por sus siervos como lo hizo con Moisés, Jesús y Pablo.

Mateo 3:17 "Y he aquí una voz de los cielos que decía: Este es mi Hijo amado, en el cual tengo contentamiento".
4. **Por medio de su Palabra:** La Biblia fue escrita por hombres, pero estos fueron guiados de tal modo por el Espíritu de Dios que los escritos que salieron de su pluma pueden ser llamados con toda propiedad la

Palabra de Dios (2 Timoteo. 3: 16-17; 2 Pedro 1: 19-21). Aunque la inspiración no anula la paternidad literaria ni el estilo de los escritores humanos, la paternidad literaria no altera en nada la perfección de lo que escribieron. De esta manera, la Biblia es la Palabra de Dios escrita por hombres, la cual nos habla directamente a nuestras vidas.

5. **Cuando se nos abren los ojos espirituales**: Dios, a través del Espíritu de Revelación, es capaz de hacernos ver lo invisible y Él lo revela a ciertas personas en diferentes ocasiones. Eliseo tuvo la revelación del ejército de Dios y cuando su criado (Giezi) se llenó de miedo él le dijo: *"No temas, porque los que están con nosotros son más que los que están con ellos" (2 Reyes 6:16).* Y el versículo 17 nos enseña que *"Eliseo entonces oró, y dijo: Oh SEÑOR, te ruego que abras sus ojos para que vea. Y el SEÑOR abrió los ojos del criado, y miró, y he aquí que el monte estaba lleno de caballos y carros de fuego alrededor de Eliseo".*

6. **La Naturaleza:** Nos muestra cómo es Dios. Está en la Biblia, Salmo *19:1, "Los cielos cuentan la gloria de Dios, y el firmamento anuncia la obra de sus manos".*
El poder de Dios controla la naturaleza. Esto lo dice la Biblia, *Mateo 8:26-27, "Él les dijo: ¿Por qué teméis, hombres de poca fe? Entonces, levantándose, reprendió a los vientos y al mar; y se hizo grande bonanza. Y los hombres se maravillaron, diciendo:*

¿Qué hombre es éste, que aun los vientos y el mar le obedecen?"

La naturaleza prueba que Dios existe y nos habla de su grandeza y poder. *Romanos 1:20, "Porque las cosas invisibles de él, su eterno poder y deidad, se hacen claramente visibles desde la creación del mundo, siendo entendidas por medio de las cosas hechas, de modo que no tienen excusa".*

7. **Los Ángeles:** La palabra ángel viene del griego «ángelos», que significa «mensajero». Por lo tanto, la función principal de los ángeles es la de comunicar a los seres humanos mensajes de parte de Dios que los acercarán a él y a su voluntad. En la Epístola a los Hebreos se explica de la siguiente manera:

Hebreos 1:14 "¿No son todos los ángeles espíritus dedicados al servicio divino, enviados para ayudar a los que han de heredar la salvación?".

El don profético no se compra en el supermercado, tampoco en una participación de una escuela profética, o porque le caes bien a un pastor, ni tan siquiera este libro te lo va a entregar. El don profético es un llamado desde el vientre de tu madre (Jeremías 1:1-10).

También al crecer y pedirlo con un corazón real y para un propósito genuino. Como menciona *Santiago 4:3, "Ustedes no reciben porque no saben pedir".*

CAPÍTULO 6

Falsos Profetas

Un falso profeta es una persona que difunde falsas enseñanzas o mensajes mientras dice hablar la Palabra de Dios. En la Biblia, los falsos profetas también hablaban en nombre de falsos dioses. Los falsos profetas ejercían su función profética de forma ilegítima o con el propósito de engañar. La Biblia denuncia a los falsos profetas por llevar a la gente por el mal camino.

En el Antiguo Testamento no aparece el término falso profeta, pero las referencias a los falsos profetas son evidentes y abundantes. En el libro de Jeremías, encontramos una clara descripción de los falsos profetas:

"Me dijo entonces el Señor: Falsamente profetizan los profetas en mi nombre; no los envié, ni les mandé, ni les hablé; visión mentirosa, adivinación, vanidad y engaño de su corazón os profetizan" (Jeremías 14:14; ver también 23:21-33; Zacarías 10:2).

La principal diferencia entre hombres como Jeremías - *un verdadero profeta de Dios* - y los falsos profetas, era su fuente de información. En vez de hablar la Palabra del Señor, los falsos profetas entregaban mensajes que se originaban en sus propios corazones y mentes: "Así ha dicho el Señor de los ejércitos: No escuchéis las palabras de los profetas que os profetizan; os alimentan con vanas esperanzas; hablan visión de su propio corazón, no de la boca del Señor" (Jeremías 23:16; ver también 14:14; 23:25-32; Ezequiel 13:1-7). Dios se distancia de todos los falsos profetas: *"No envié yo aquellos profetas, pero ellos corrían; yo no les hablé, mas ellos profetizaban."* (Jeremías 23:21).

Hechos 8:9-11 "Pero había un hombre llamado Simón, que antes ejercía la magia en aquella ciudad, y había engañado a la gente de Samaria, haciéndose pasar por algún grande. A este oían atentamente todos, desde el más pequeño hasta el más grande, diciendo: Este es el gran poder de Dios. Y le estaban atentos, porque con sus artes mágicas les había engañado mucho tiempo".

¿Que nos advierte la biblia de los falsos profetas? Si hay falsos es porque hay originales y verdaderos.

2 Pedro 2:1 "Pero hubo también falsos profetas entre el pueblo, como habrá entre vosotros falsos maestros, que introducirán encubiertamente herejías destructoras, y aun negarán al Señor que los rescató, atrayendo sobre sí mismos destrucción repentina".

No es lo mismo un profeta que un adivino.

Un adivino, lo mismo que un agorero, sortero o hechicero es una persona que afirma lo que está por venir.

Adivino también es sacar un final o inferencia con base en hipótesis o intuiciones, sin indicios claros. Tener conocimiento o videncia de lo futuro, de lo oculto, enigmático o ignoto a través de medios mágicos o no únicamente basados en la razón, la observación, la evidencia o la ciencia, también es dar con la respuesta que es cierta, el significado o la solución de algo, por azar o intuición.

Los adivinos, a través de prácticas adivinatorias, prometen la salud o las riquezas, el amor o el desamor utilizando de varios embustes y adivinanzas. Un adivino anuncia el futuro o descubrir las cosas ocultas o ignoradas, usando la magia o de poderes sobrenaturales: adivinar el futuro. Detectar por conjeturas algo que no se sabe: adivinó la respuesta; adivina quién llega esta tarde.

Hechos 16:16-18 "Aconteció que mientras íbamos a la oración, nos salió al encuentro una muchacha que tenía espíritu de adivinación, la cual daba gran ganancia a sus amos, adivinando. Esta, siguiendo a Pablo y a nosotros, daba voces, diciendo: Estos hombres son siervos del Dios Altísimo, quienes os anuncian el camino de salvación. Y esto lo hacía por muchos días; mas desagradando a Pablo, este se volvió y dijo al espíritu: Te mando en el nombre de Jesucristo, que salgas de ella. Y salió en aquella misma hora".

Si observamos bien, esta narración de la biblia afirma que ella recibía ganancia por lo que hacía. Un profeta no cobra, ni se lucra de este don en ninguna manera. Jamás lo que recibiremos por gracia podemos usarlo con un fin personal.

Romanos 11:29 "dice Irrevocables son los dones y el llamamiento de Dios".

Quiere decir, que el regalo (dones) están en ti porque Dios los puso, pero nos corresponde hacer buen uso de ellos. Muchos brujos, satanistas, hechiceros, teniendo dones los usan con fines malignos.

Si bien no lo quita (es irrevocable) es necesario ejercerlo. Porque como un músculo que no se mueve se terminará atrofiando. Cada vez que Dios te envía y tu no vas, te dice habla y tu callas, el músculo profético, por así decirlo, se va quedando sin fuerzas.

1 Timoteo 1: 12-13 "Doy gracias al que me fortaleció, a Cristo Jesús nuestro Señor, porque me tuvo por fiel, poniéndome en el ministerio, 13 habiendo yo sido antes blasfemo, perseguidor e injuriador; mas fui recibido a misericordia porque lo hice por ignorancia, en incredulidad". Todos tenemos un pasado que nos descalifica, pero un presente lleno de la misericordia de Dios".

Con los regalos tenemos que cuidar el corazón, y que nunca tengamos mayor concepto de nosotros que el que debemos tener, antes bien piense con sensatez conforme a la medida de fe que Dios repartió a cada uno.

Romanos 12:3 "Digo, pues, por la gracia que me es dada, a cada cual que está entre vosotros, que no tenga más alto concepto de sí que el que debe tener, sino que piense de sí con cordura, conforme a la medida de fe que Dios repartió a cada uno".

CAPÍTULO 7

Niveles del Mundo Profético

Niveles de lo profético:

a. Espíritu de profecía - espíritu profético.
b. Don profético - Don de profecía.
c. Oficio de profeta - oficina profética.
d. Previsterio - previstero profético.

A) Espíritu de profecía

Es el nivel más básico donde todos como creyentes llenos del Espíritu Santo se moverán bajo esa unción. Muchas veces cuando en la reunión como iglesia estamos en el tiempo devocional, la atmósfera de la adoración despierta ese mover profético. Los músicos se conectan y un cántico espontáneo surge y el pueblo es dirigido por ese espíritu de profecía. Pueden repetir en el próximo culto la misma canción, pero no sucederá.

Son mantos que bajan; aguas que fluyen. Si eres movido a enviar un mensaje a través de las redes, WhatsApp, una llamada, escribes o hablas, estás siendo dirigido por el Espíritu de la profecía. Al otro lado hay una respuesta de que esa palabra, ese versículo o mensaje, era necesario.

Si Dios te coloca en la mente a personas por las que deber orar, aunque no tienes tal vez ningún tipo de relación o no la ves hace mucho tiempo. Esta dimensión vendrá y se irá, no será constante, no es siempre, pero es genuino.

2 Pedro 1: 21 "Porque nunca la profecía fue traída por voluntad humana, sino que los santos hombres de Dios hablaron siendo inspirados por el Espíritu Santo".

Si los creyentes actúan en fe cuando el Espíritu de profecía está presente, correrá como rio caudaloso. Se dirán versículos, se citarán palabras que se encuentran en la biblia y será un espejo que refleja sus necesidades.

Salmo 133:2 "Es como el buen óleo sobre la cabeza, el cual desciende sobre la barba, la barba de Aarón, y baja hasta el borde de sus vestiduras".

La unción (el aceite), lo profético, fluirá desde el altar, los pastores hasta el borde de las vestiduras del templo. La profecía en este nivel estará limitada al testimonio de Jesús, palabra escrita y revelada en su logos y rema. En este nivel no se habla de fechas, días, ni horas; no es específico en los tiempos. Solo trae palabra de consolación y ánimo.

Nota aclaratoria: El hecho de que fluyas bajo la unción, no te convierte en un profeta.

1 Samuel 10: 9-13 "Aconteció luego, que al volver él la espalda para apartarse de Samuel, le mudó Dios su corazón; y todas estas señales acontecieron en aquel día. Y cuando llegaron allá al collado, he aquí la compañía de los profetas que venía a encontrarse con él; y el Espíritu de Dios vino sobre él con poder, y profetizó entre ellos. Y aconteció que cuando todos los que le conocían antes vieron que profetizaba con los profetas, el pueblo decía el uno al otro: ¿Qué le ha sucedido al hijo de Cis? ¿Saúl también entre los profetas? Y alguno de allí respondió diciendo: ¿Y quién es el padre de ellos? Por esta causa se hizo proverbio: ¿También Saúl entre los profetas? Y cesó de profetizar, y llegó al lugar alto".

El hecho de que cambies el aceite y filtro del motor de tu carro, no te hace mecánico. Si tal vez pones una inyección, no quiere decir que eres doctor. Aun más, si enseñas a tu hijo el A-B-C eso no te hace maestro. Necesitamos preparación, formación y carácter.

B) Don de profecía

La palabra "Don" significa que es un regalo de Dios. En esta etapa es más frecuente. Serán palabras más firmes y precisas. Va madurando con el tiempo y la disposición. Si tienes un espíritu enseñable y te sometes bajo autoridad de un mentor confiable, podrás alcanzar el tercer nivel. Siempre sin traspasar los límites del diseño personal que puso Dios.

Serás usado en otros dones: sanidad, milagros, revelación, entre otros. Los profetas con el don son regalones. Siempre ven llaves, puertas, bendiciones y regalos de Dios.

Por esto son bien amados por la gente y le buscan para que declaren bendiciones. Poco tendrán problemas porque no sacan lo oculto a la luz.

Se moverán en frases como: yo siento algo dentro de mí que me dice..., *quiero orar por ti porque veo...*, entre otros. Pocos con el este don dicen: "Así dice el Señor". Aunque reconocen que no es su mensaje, sino de Dios. Pueden pronunciar tiempos y cosas específicas, pero no lo usan.

Por Ejemplo:
Un profeta con don de profecía: "Antes de terminar el año..."
Profeta de oficio: "el día 4 de diciembre..."

Si es maduro, no comprometerá lo que Dios le da y tampoco irá más allá de la facultad dada porque cruzarlas es peligroso. Puede casi convertirse en un adivino, si fuerza las cosas en hablar.

1 Corintios 13: 9 "Porque en parte conocemos, y en parte profetizamos."

Cada uno debe reconocer la capacidad y la medida de fe para operar en el don de profecía. Se ha hecho mucho daño al evangelio, familias destruidas, personas tomando decisiones equivocadas por un profeta inmaduro.

1 Corintios 13:2 "Si tengo el don de profecía y entiendo todos los misterios y poseo todo conocimiento, y si tengo una fe que logra trasladar montañas, pero me falta el amor, no soy nada".

C) Oficio de profeta

Cuando se habla que trabajas en un oficio (enfermera, secretaria, abogada) es porque le otorgan unas enseñanzas, se preparó y recibió una certificación o un diploma que lo identifica con licencia para ejercerlo en el mundo natural. De igual manera tenemos que capacitarnos, con la única diferencia que quien otorga la certificación es el Espíritu Santo. En este nivel no lo mueven las emociones. Su carácter está formado. Fluye en los tres tiempos: pasado, presente y futuro. Dirá con precisión colores, días, lugares, nombres, enfermedades, entre otros.

Es el nivel más alto en la esfera profética. La gente los reconoce porque sus profecías se cumplen. Tendrán palabras más fuertes. Lo que profetiza estará cargado de: dirección, exhortación, corrección, pero basado en el amor y misericordia de Dios. Jamás será para dejar sin esperanza. Tienen gracia para enseñar e impartir. Sus mensajes predicados siempre serán cobijados bajo lo profético. Son usados en liberación porque pueden identificar lo que está operando.

Algunos son profetas locales, quiere decir en su iglesia, vecindario, familia. Otros son territoriales, de una ciudad o territorios específicos. Los profetas de naciones son lo que viajan con los diseños y mapas que el cielo les establece con rutas específicas. Direccionará gobiernos, asamblea con palabra profética liberadora.

Jeremías 1:5 «Antes de formarte en el vientre, ya te había elegido; antes de que nacieras, ya te había apartado; te había nombrado profeta para las naciones».

No podrán limitarlos a 4 paredes y un solo público. Su audiencia transciende fronteras. Usará los medios de comunicación, prensa, radio, televisión, internet, libros como este, lo que sea para despertar lo profético en otros.

El profeta de oficio sabe aprovechar los escenarios divinos como son los hospitales, supermercados, calle, entre otros, porque no dependerá de un altar.

Deborah no necesitó un templo, le bastó una palmera para levantar su voz profética, (Jueces 4:4-23).

Algunos fluirán con el espíritu y la unción de Elías.

Lucas 1:17 "E irá delante de él con el espíritu y el poder de Elías, para hacer volver los corazones de los padres a los hijos, y de los rebeldes a la prudencia de los justos, para preparar al Señor un pueblo bien dispuesto".

Un profeta de oficio no compromete, negocia, ni juega con la unción.

Hechos 8: 18-19 "Cuando vio Simón que por la imposición de las manos de los apóstoles se daba el Espíritu Santo, les ofreció dinero, diciendo: Dadme también a mí este poder, para que cualquiera a quien yo impusiere las manos reciba el Espíritu Santo".

Aquellos que creen que hay velitas mágicas que, con solo tocar, reciben lo que les da la gana, sin experimentar proceso alguno, terminarán sin recibir la unción de lo profético.

1 Timoteo 5:22 "No impongas con ligereza las manos a ninguno, ni participes en pecados ajenos. Consérvate puro".

Existen profetas con asignación de atalaya, son llamados profetas Shamar.

Oseas 12:13 "Y por un profeta Jehová hizo subir a Israel de Egipto, y por un profeta (Shamar) fue guardado".

Este profeta da la señal de aviso y advierte del peligro a un pueblo, nación o individuo. Jonás fue un profeta Shamar.

Isaías 62:6 "Sobre tus muros, oh Jerusalén, he puesto guardas; todo el día y toda la noche no callarán jamás".

Conclusión

Mateo 6:33 "Mas buscad primeramente el reino de Dios y su justicia, y todas estas cosas os serán añadidas".

"Declaro y profetizo que no solo hablarás lo que te revela el cielo, sino que también serás un agente de cambio y darás valor a los: **Así dice el Señor**".

Acerca de la Autora

Linette Rivera, es conferencista y comunicadora del mensaje de Dios por excelencia. Es fundadora del congreso internacional *"Con los zapatos del Llamado"*, El heraldo, donde equipa ministros y la escuela que entrega herramientas y activa en el ministerio quíntuple.

Es Pastora por más de 10 años de la Iglesia Aposento Alto en Caguas, PR junto a su esposo Joseph Villafañe. Tiene a cargo más de 15 obras dentro y fuera de la isla, siendo mentora.

Es profeta de oficio fluyendo en este don desde sus 8 años de edad. Ha viajado más de 298 ocasiones llevando a cabo congresos, retiros, conferencias y escuelas proféticas activando, discipulando e impartiendo lo que ha recibido por gracia.

Ha viajado a lugares como: Honduras, Colombia, Guatemala, México, Salvador, Ecuador, Republica Dominicana, entre otros, con agendas divinas donde ha visto la mano de Dios.

Made in the USA
Columbia, SC
29 October 2024